AF591299

MEMOIRE

POUR

PERFECTIONER LA POLICE

CONTRE

LE DUEL

par l'abbé
de St Pierre.
1713

A NOSSEIGNEURS LES PRELATS DU CLERGÉ DE FRANCE, ASSEMBLEZ A PARIS.

ESSEIGNEURS,

J'ay composé ce Memoire, dans le dessein de contribuer selon mes forces à abolir entierement une maudite coûtume, que le Concile de Trente condã-ne comme infame & comme détestable, que le Roy par sa vigilance & par sa grande fermeté avoit extrémement affoiblie, mais qui ayant repris dans nos dernieres Guerres presque toutes ses forces, fait en cachette presque autant de mal que jamais.

Pour en venir à bout je propose dans ce Discours divers moyens approuvez par un grand nombre de braves & sages Officiers; & si je prens la liberté de vous le presenter, c'est qu'il m'a paru qu'il vous siéroit bien, & qu'il estoit même de vôtre devoir de supplier le Roy de mettre enfin la derniere main à un des plus importans & des plus saints ouvrages de son Regne.

*Dans l'*obligation que le Saint Esprit vous a imposée de régir l'Eglise de Dieu, de pourvoir charitablement aux necessitez du prochain, de procurer le salut des Ames, *pourriez-vous ne pas mettre au* *nombre de vos devoirs les démarches & les ſoins qui peuvent eſtre neceſſaires pour détruire une* coûtume barbare que la nature a en horreur, que la Religion condane, que les Loix Civiles proſcrivent, que les Loix de l'Egliſe deteſtent? *Vos prédeceſseurs ont déja jugé que c'eſtoit* l'opprobre de la nature humaine, l'affoibliſſement de l'Etat, le ſcandale des peuples, l'objet de la colere du Ciel, une ſource féconde de la perte des ames, en un mot l'injure de la Religion, & la honte du Chriſtianiſme. *C'étoit de pareils ſentimens qui leur faiſoient dire*, Nous voulons continuer d'offrir nos vœux au Ciel, pour obtenir une gloire immortelle à tous ceux qui travaillent pour détourner les fléaux de Dieu qui nous menacent, ſi nous ne travaillons puiſſamment pour abolir les crimes, & empêcher les Duels. (1.)

Vous n'avez pas moins de Zele, MESSEIGNEURS,

(1.) Ce ſont les termes, dont ſe ſervirent les Evêques dans la Declaration publique, qu'ils firent en 1651. ſur le Duel.

pour le salut des ames, pour les avantages de l'Etat, & pour le bien de l'Eglise, qu'en avoient vos prédecesseurs, lors qu'ils s'adresserent au Roy pour ce sujet; (2.) & l'application que vous donnez à extirper des héresies & des erreurs dangereuses, ne me permet pas de douter que vous ne receviez favorablement un ouvrage dont le but est d'extirper en peu d'années la coûtume du Royaume la plus pernicieuse.

Je suis avec un très-profond respect,

MESSEIGNEURS,

Vôtre très-humble, & très-obéïssant serviteur,
L'Abbé de SAINT-PIERRE.

(2.) Ils députerent au Roy en 1651. pour le suplier de donner ses soins à extirper le Duel: ce fut M. l'Archevêque d'Ambrun qui porta la parole.

MEMOIRE
POUR PERFECTIONER LA POLICE, *CONTRE LE DUEL.*

PREFACE.

LE Duel eſt une maladie qui afflige pluſieurs Etats de l'Europe, & nôtre Monarchie en particulier. Le Roi par ſes ſages Edits a taché de l'extirper; mais nous voyons avec douleur que malgré les Loix de L'Egliſe & de l'Etat, elle ſubſiſte toûjours, qu'elle eſt à la verité plus cachée, mais qu'elle n'en eſt gueres moins dangereuſe & moins frequente, & qu'il ſemble qu'elle n'atend qu'un Regne foible pour ſe fortifier & pour recommencer à moiſſonner chaque jour tout publiquement la fleur de nôtre plus précieuſe Nobleſſe, l'Ornement principal, & le plus ſolide ſoûtient de l'Etat.

Cette maladie fait d'autant plus de ravage, que le Roi en eſt beaucoup moins informé que les Juges, & que ceux-cy ne ſont pas informés de la milliéme partie des Duels qui ſe font ſur les frontieres & dans le cœur du Royaume; il ſemble que ceux qui ont connoiſſance de ces Combats, ſe ſoient comme donné le mot de les cacher aux Commandans, & que les Commandans ayent résolu non-seulement de n'éclaircir aucun soupçon ; mais encore de faire semblant d'ignorer ce qu'ils sçavent, de n'en rien dire aux Generaux, & de n'en jamais informer la Cour. Or ce silence opiniatré & affecté ne peut venir que de ce qu'ils sont dans la fausse opinion que les Duelistes sont beaucoup plus à plaindre qu'il ne sont coupables ; cependant la folie, le crime durent & se maintiennent tant que les foux & les criminels ne sont point punis, & ils ne seront jamais punis tant que l'on cachera leurs crimes avec un pareil secret ; il faut donc se résoudre à attaquer cette opinion vulgaire jusques dans ses derniers retranchemens, si l'on veut arracher la racine du mal & le guerrir enfin sans en craindre le retour.

Quoiqu'il en soit, il faut bien que les remedes, ou plûtôt les préservatifs ne soient pas suffisans, puisque la maladie subsiste ; il faut bien mesme qu'il ne soit pas aisé de trouver ceux qui seroient efficaces, ou du moins de les faire aprouver ; puisque tant de gens éclairez & zelez pour le bien de l'Etat, ou ne les ont point trouvez, ou n'ont point trouvé les moyens de les faire aprouver.

Je ne pretens pas sur cette affaire dire quelque chose qui n'ait esté ni dit, ni pensé par d'autres ; je prétens seulement rassembler ce que j'ai pû imaginer comme les autres, ce que j'ai oüi-dire, & ce qui m'a paru le plus sensé ; je me propose donc par cet assemblage & par cet arrangement de donner à la matiere un nouveau jour, & d'y apporter une augmentation de lumiere, à la faveur de laquelle il sera plus facile à ceux qui seront consultez de mieux peser la veritable valeur des differens remedes qu'on leur proposera, & de donner ensuite leur avis avec plus d'assurance & d'autorité.

I. CONSIDERATION.

La maladie est considerable, mais elle n'est pas absolument incurable.

C'Est une maladie considerable qui emporte par an plus de quatre cens Officiers & beaucoup de Gentilshommes dans les Provinces : or s'il est vrai qu'un bon Officier vaille pour la deffense de la Patrie au moins dix bons soldats, le Roi en perdant chaque année quatre cens braves Officiers, perdroit autant que quatre mille braves Soldats. D'ailleurs on sçait qu'outre ceux qui meurent de leurs blessures, il y a au moins deux cens Duellistes, qui soit par crainte de la Justice, soit de peur d'estre poursuivis par les Parens, se retirent chez nos Ennemis : or c'est une double perte qu'une pareille désertion, ainsi c'est comsi nous perdions autres quatre cens Officiers, ou quatre mille hommes de bonnes troupes.

Outre la perte réelle de l'Etat, on doit encore peser tous les maux que cette manie cause aux Familles particulieres, les inquiétudes & les peines où sont les femmes, les peres & les meres des Officiers, des Gentilshommes & des jeunes gens de qualité, nonseulement quand il est arrivé une affaire à leurs enfans ; mais par la seule consideration qu'il leur en peut arriver tous les jours de pareilles, aussi dangereuses que dans une bataille & dans un aſſaut. Il y a en France au moins vingt mille perſonnes qui ſouffrent beaucoup de cette eſpece de folie, entre leſquelles il y en a un grand nombre d'une grande conſideration parmi la Nobleſſe: or s'il eſt de la bonne politique d'épargner de très-grandes pertes à l'Etat, il n'eſt pas moins de la bonne police de mettre tout en œuvre pour épargner des afflictions très-ſenſibles, des inquietudes cruelles à un auſſi grand nombre de Citoyens conſiderables; le mal n'eſt donc que trop conſiderable mais heureuſement il n'eſt pas incurable.

Ce qui m'en perſuade, c'eſt que cette eſpece de maladie politique n'a point eſté conuë ni chez les Perſes, ni chez les Grecs, ni chez les Romains, dans les tems meſmes qu'ils eſtoient les plus ocupez de la Guerre, & que par leurs victoires & par leur valeur ils eſtoient devenus les maiſtres du monde. Quelques perſones coyent qu'elle eſt née parmi nous au milieu des ſiecles ignorans, dans leſquels la ſuperſtition avoit introduit la coûtume ridicule de conſulter Dieu par le ſort & par differentes épreuves; le ſort des combats ſinguliers fut pris pour une de ces manieres, d'interroger la verité éternelle; on commence à voir les Duels condamnez vers le milieu du neuviéme ſiecle, dans le Concile de Valence, ſous Charles le Chauve. Quoiqu'il en ſoit de l'origine de cette coûtume barbare & inſenſée, il ſemble qu'elle n'a eſté conuë que dans le Chriſtianiſme.

Il eſt évident que ſi elle avoit fait chez les Payens les meſmes ravages que chez-nous, leurs Hiſtoriens & leurs loix en auroient fait ſouvent mention. Or il demeure conſtant parmi les Sçavans que l'on n'en trouve pas la moindre trace dans leurs Hiſtoires, ni dans les differens recueils de leurs loix ; il n'eſt pas moins conſtant qu'étant hommes comme nous, & qu'ayant les meſmes ſujets de ſe quereller que nous, ils avoient de ſemblables querelles ; mais qu'ils avoient une maniere differente de les terminer. C'eſtoit le Magiſtrat Militaire dans les Armées, & le Magiſtrat ordinaire dans les Villes.

Ce n'eſt donc pas une maladie qui ſoit abſolument inſeparable, ni de la nature humaine, ni meſme de la profeſſion Militaire ; elle ne vient que d'une opinion qui s'eſt établie parmi nous dans des ſiecles barbares, & qui ne s'eſtoit pas établie parmi eux ; mais quand les opinions ne ſont pas fondées ſur la nature, quand elles ne ſont point communes à tous les hommes, quand elles ſont fauſſes & opoſées au bon ſens, elles peuvent changer, & elles changent effectivement, & meſme d'une maniere très-ſenſible en peu de tems, ſur tout quand les bons eſprits de concert avec le Gouvernement travaillent à les faire changer ; ainſi cette maladie qui n'a ſa cauſe que dans une opinion fauſſe & opoſée au bon ſens, n'eſt pas abſolument incurable.

Il n'eſt donc queſtion que de trouver les moyens les plus convenables de faire peu à peu évanoüir cette opinion, & comme elle eſt en partie vraye & en partie fauſſe, il n'eſt pas impoſſible de démeſler tellement le vrai du faux, que le faux qui en fait tout le venin étant expoſé à découvert aux yeux de tout le monde, ne ſoit plus à la fin nuiſible à perſonne.

II. CONSIDERATION.

Le vrai & le faux de l'opinion fondamentale du Duel.

L*A bravoure est une qualité essentielle à l'homme d'Epée*, voilà ce qui est vrai parmi toutes les nations. *L'homme d'Epée offensé ne sçauroit estre brave s'il n'apelle l'offenseur en Duel*, & l'offenseur *appellé ne sçauroit estre brave s'il n'accepte le Duel*, voilà ce qui est faux. Les Perses, les Grecs, les Romains estoient braves, ce sont encore nos modeles de bravoure ; il y avoit chez eux des braves offensez, les offenses sont de tous les siecles & de tous les peuples ; cependant aucun offensé n'apeloit l'offenseur en Duel.

L'homme d'Epée qui dans une bataille abandonne ses camarades doit passer pour poltron, voilà ce qui est vrai parmi toutes les nations. *L'homme d'Epée offensé qui n'appelle pas l'offenseur en Duel doit de mesme passer pour poltron*, voilà ce qui est faux. Les plus braves Romains estoient quelquefois offensez par leurs camarades, ils n'appeloient jamais l'offenseur en Duel, cependant ils ne passoient point pour poltrons, ou ils pardonnoient l'offense à la priere des amis communs, ou ils en portoient leurs plaintes à leur Commandant, au Magistrat Militaire,omme ils portoient leur plainte pour une affaire civile au Magistrat civil.

Je ne dis pas que parmi nos esprits vulgaires, l'homme d'Epée insulté, s'il ne fait point d'apel, ne passe pour poltron ; mais c'est dont je me plains, & je soûtiens que dans le fonds il ne doit pas plus passer pour poltron, que celui qui ne fait point d'apel à son voisin avec lequel il a un Procés, & qu'il ne doit pas plus passer pour poltron que le plus brave Officier Romain insulté, qui ne faisoit point d'apel. Je soûtiens que les Jugemens vulgaires ont beau estre fondez sur nos Coûtumes, que nos Coûtumes, si elles sont déraisonables & plus convenables à des Sauvages qu'à des peuples policés, ne sçauroient jamais authoriser de pareils Jugemens.

III. CONSIDERATION.

Les Romains n'estoient pas assez insensez pour attacher de l'honneur à proposer le Duel, & du déshonneur à le refuser.

LE public n'est pas toûjours en estat de donner des recompenses utiles à ceux qui travaillent avec succès pour son utilité; ainsi en échange des biens-faits qu'il en reçoit, il donne à leur actions, à leurs travaux des loüanges proportionnées à l'avantage qu'il en retire; il leur rend des honneurs, & les traite avec distinction par raport à leurs pareils.

Les hommes semblent estre tacitement convenus d'honorer ainsi & de loüer quiconque leur aporteroit de l'utilité; ils ont apelé vertueux, honeste, celui qui rendoit service aux autres à ses dépens, & qui négligeant ses propres interêts avoit un grand soin de ceux du public.

Ils se sont de mesme accordez à ne pas blâmer celui

qui ſans faire tort à perſonne, avoit uniquement ſoin de ſes interêts & de ceux de ſa famille; mais auſſi ils ne l'ont pas trouvé digne de grandes loüanges, ils n'ont pas jugé qu'il meritât d'eſtre traité avec des égards diſtinguez; c'eſt qu'il n'y a nulle diſtinction dûë à ceux qui ne travaillent que pour leur propre utilité & pour leur propre ſatisfaction; ne ſonger qu'à ſes interêts, c'eſt le train commun des hommes, & la diſtinction des loüanges & des égards ne convient pas à celui qui n'a rien dans ſa conduite que l'on ne trouve dans la conduite de tous les autres.

Les hommes ont toûjours honoré la vertu & admiré les grans talens, & les plus ſages n'ont loüé, n'ont honoré la vertu & les talens, qu'à proportion des avantages qu'en retiroit la Patrie; ils n'ont apelé *grands-hommes* que ceux qui ont fait des choſes très-difficiles en elles-meſmes, & très-utiles pour le bien public. La *difficulté* eſt une qualité eſſentielle à ce que nous apellons *grand*; mais une qualité qui lui eſt encore plus eſſentielle, c'eſt *l'utilité publique*, & ils ont apelé *Heros*, Demi-Dieux, ceux qui leur ont paru grands entre les *grands-hommes*.

Sur ce pied-là il n'eſt pas étonnant que dans chaque ſocieté & ſur tout parmi les Romains, on y ait ſi fort élevé la valeur au-deſſus des autres vertus; c'eſt que par la valeur des Soldats & des Officiers, la ſocieté, la Patrie eſt à couvert des attaques de ſes ennemis, par la bravoure des gens de Guerre; chaque Citoyen conſerve ſes biens, ſa famille, ſa liberté, ſa vie. Or que l'on nous montre une vertu qui d'un côté ſoit plus difficile à pratiquer, vû la répugnance & l'horreur naturelle que l'on a pour la mort, & par conſequent pour les grands perils, & de l'autre que l'on nous en montre une qui ſoit plus avantageuſe à la ſocieté, au public, à la Patrie.

Mais ſi cette meſme bravoure ſe tournoit contre les intereſts de la Patrie, loin qu'elle fût alors une grande vertu, loin qu'elle fût loüable, elle ſeroit alors très-odieuſe, très-criminelle & très-blamable, loin qu'un pareil brave dût eſtre honoré par ceux de ſa nation, il en devroit eſtre au contraire, & en ſeroit effectivement abhorré & déteſté, à moins que cette nation ne fût preſque toute composée de gens qui auroient la ſotiſe de loüer celui qui pour ſa querelle particuliere tuëroit un de leurs deffenſeurs, comme s'il tuoit pour la querelle publique un de leurs ennemis, & ce ſeroit-là, ce me ſemble, le dernier degré de la ſotiſe & de l'extravagance; cependant, le dirai-je à la honte de notre ſiecle & de notre police, cette nation, c'eſt la nation Françoiſe.

Il n'eſt pas difficile de voir par opoſition à ce qui eſt honorable & digne de loüanges, ce qui eſt honteux & infame, & de diſtinguer ainſi ce qui merite de l'honneur, de ce qui eſt digne de blâme & dèshoneur; il n'eſt pas difficile de comprendre que plus la conduite de quelqu'un eſt nuiſible & pernicieuſe à ſa Patrie, à ſes Citoyens, à ſes propres parens, à ſes propres amis, plus elle eſt honteuſe & infame.

Telles ſont les régles naturelles de l'honneur & du dèshoneur, que l'on doit attacher aux actions humaines, ce ſont ces régles que les Romains ont conſtamment ſuivies; ainſi il n'eſt pas étonant qu'ils n'ayent pas attaché d'hònneur, & qu'ils ayent meſme ſans y penſer attaché du dèshonneur à un Combat de Citoyen contre Citoyen, où les Combatans, au mépris des loix & des Magiſtrats, veulent ſe faire juſtice eux-meſmes aux dépens de la vie de leurs camarades : ils n'étoient pas aſſés inſenſés pour laiſſer ſans note de dèshoneur, ſans note d'infamie, des Combats volontaires & de ſang froid qui euſſent diminué tous les jours le nombre de leurs plus braves deffenſeurs, il eût fallu que pour faire une pareille faute, ils euſſent eſté entierement dépourvûs de bon ſens, eux qui de ce coſté-là ſont encore aujourd'huy nos modelles.

Parmi le nombre prodigieux de querelles qui arivoient tous les jours entre les Officiers Romains d'une meſme Armée, il eſt difficile qu'il ne ſoit jamais venu à l'eſprit d'un offenſé en fureur d'apeler l'offenſeur en Duel; mais il n'eſt point étonant que ces ſortes d'apels fuſſent mépriſés par les offenſeurs qui n'eſtoient pas en pareille fureur, & qu'ils fuſſent tournés en ridicule par ceux qui en étoient témoins.

Et aprés tout un pareil défi ne prouvoit point du tout la bravoure de l'offenſé, il en prouvoit ſeulement la fureur & la folie, le refus du défi ne prouvoit pas davantage le manque de bravoure de l'offenſeur, il prouvoit ſeulement qu'il manquoit de fureur, qu'il n'étoit pas fou & qu'il ne vouloit pas au mépris des loix employer contre les interêts de l'Etat, une qualité qui ne peut jamais eſtre miſe en œuvre ſans crime, que contre les ennemis de la Patrie, ou pour deffendre ſa propre vie.

En effet, le Combat eſtant propoſé & accepté, le ſuccés ne prouve point du tout l'égalité de bravoure dans les Combatans, c'eſt qu'il peut y avoir une très-grande inégalité de peril, & qui ne ſçait que celuy qui a le double d'adreſſe, de force, de légereté, d'experience, & qui a de meilleurs yeux peut eſtre un poltron, un fanfaron, qui fuiroit là où l'autre tiendroit ferme en combatant pour la Patrie?

Le Romain offenſé ne voyant nul dèshoneur naturellement attaché à ne pas défier l'offenſeur au combat, ayant deux voyes pour obtenir réparation de l'offenſe, l'une défendüë, qui preſcrit de mettre ſa vie dans un très-grand danger ſans aucune utilité pour la Patrie; l'autre permiſe, qui preſcrit de porter ſans aucun danger ſa plainte au Juge prépoſé par la loi, jugeoit qu'il eût eſté ridicule de ne pas préferer celle qui eſt ſans peril, qui eſt honête & conforme aux loix, à celle qui ne peut être regardée par les gens de bien que comme criminelle, & par les ſages que comme inſenſée.

Il eſt facile d'imaginer que ſi ces Romains ſages, vaillans & vertueux, comme ils eſtoient, revenoient parmi nous, ils ſeroient bien étonnés de l'extravagance de nos Officiers & de nos Gentilshommes, qui pour une parole de mépris qui ne décide que de l'opinion de celui qui mépriſe, qui ne leur ôte rien, ni de leur revenu, ni de la bonne opinion des autres, qui eſt au-deſſous d'une legere bleſſure, qui s'oublie & qui s'évanoüit d'elle-même, veüillent hazarder leur fortune & leur vie ſans qu'il en puiſſe revenir aucun avantage, ni à leur famille, ni à leurs amis, ni à leur Patrie.

Ils auroient eſté encore bien plus ſurpris de l'impertinence de nos ſeconds, qui ſans avoir de querelle ſe batoient de sang froid & se tuoient très-serieusement pour la vanité de prouver leur bravoure à contretems, ou de peur de la sote honte d'estre regardés comme poltrons, s'ils ne se battoient pas sans sujet ; mais Dieu-merci nous sommes déja guéris en France de puis quelque tems de cette espéce de frenésie, l'excés du ridicule s'en est enfin fait sentir à tout le monde ; il est vrai que le Combat de Milord Hamilton contre Milord Mohun & de leur seconds, nous prouve qu'en Angleterre il y a encore quelque accés de cette folie ; mais enfin la France en est déja délivrée.

Toute bravoure n'est pas vertu, l'Officier qui abandoneroit l'Armée pour voler dans les bois, auroit beau faire en volant des actions de bravoure extraordinaires, cette bravoure seroit-elle vertueuse, seroit-elle loüable ? il seroit ridicule de s'amuser à prouver qu'il n'y auroit rien d'estimable dans cette valeur, & qu'elle ne merite que la Roüe.

La valeur n'est donc estimable que par raport à l'usage que l'on en fait, elle est trés-estimable, trés-loüable, elle est vertu dans l'Officier lorsqu'il l'employe par les ordres de ses Superieurs à détruire les ennemis de son Prince, de sa Patrie ; mais elle est au contraire trés-blamable, trés-honteuse, trés-digne d'horreur, & un grand crime dans le même Officier, lorsqu'il l'employe pour sa propre querelle à ôter la vie aux Citoyens & aux deffenseurs même de la Patrie, & voilà pourquoi les Romains avoient raison d'atacher de la honte, du déshoneur, de l'horreur même aux Combats singuliers de Citoyen contre Citoyen, & voilà aparemment pourquoi ces Combats ont esté inconnus parmi eux, & pourquoi ils devroient enfin cesser parmi nous.

OBJECTION.

En ôtant le Duel, sur tout parmi les Troupes, vous en ôterés la valeur.

REPONSE.

Si cette objection étoit solide, le Roi feroit une grande faute contre l'interêt de l'Etat, contre ses propres interêts de travailler à abolir les Duels, puisque ce seroit chasser la valeur du milieu de la nation; les Edits qui atachent au Duel la peine de mort, & l'infamie, seroient des Edits insensez que l'on ne pourroit trop-tôt révoquer; mais ce qui doit nous rassurer & ce qui prouve décisivement que cette objection n'a rien de solide, c'est que ni les Perses, ni les Grecs, ni les Romains, ces peuples si belliqueux, n'ont point eu besoin du secours des Duels pour exciter, pour entretenir, ou pour fortifier cette valeur avec laquelle ils se sont rendus les maistres de la terre. On peut dire même que si les Officiers & leurs soldats se fussent ainsi tous les jours affoiblis en s'entredétruisant pour leurs querelles particulieres, ils ne seroient jamais venu à bout pour la querelle publique de détruire tous leurs ennemis, & n'auroient jamais formé successivement trois Monarchies universelles.

QUATRIE'ME CONSIDERATION.

Fascheux inconvenient où sont sujets nos gens d'Epée où les Romains n'étoient point sujets, & dont nos gens de Robe sont exempts.

L'Homme de Robe insulté peut pardonner l'insulte, soit par principe de Christianisme, soit à la priere de ses parens, de ses amis, ou de quelque personne de très-grande consideration; il peut aussi s'en plaindre au Juge sans estre déshonoré, & sans que cette conduite fasse le moindre tort à sa réputation, les loix le protégent, & il n'est ni honteux, ni déshonorant de recourir à la protection des loix.

L'homme d'Epée à Rome pouvoit comme nos gens de Robe obtenir d'un Juge à ce préposé, réparation de l'insulte qu'il avoit reçûë d'un autre homme d'Epée, il pouvoit de même à l'Armée porter sa plainte au Tribun, & dans cette poursuite il ne faisoit pas plus de tort à sa reputation que dans la poursuite d'un Procés d'interêt contre le même homme & devant le même Juge, & les plus honêtes gens se faisoient souvent beaucoup d'honneur dans le monde, ou de mépriser par hauteur, ou de pardonner par esprit de douceur de pareilles offenses.

L'homme d'Epée insulté est dans une situation bien malheureuse en France, il se trouve entre deux abîmes s'il évite l'un, il tombe necessairement dans l'autre, s'il méprise l injure, s'il la pardone, s'il s'en plaint au Magiſtrat militaire, enfin s'il ne ſe bat point il eſt perdu d'honeur, s'il ſe bat il perd la vie dans le Combat, ou il la perd ſur un échafaut, ou pour ſauver ſa vie, il ſort du Royaume & perd ainſi ſes biens, ſes emplois & ſa Patrie.

Si les Edits ſont exactement obſervés, voilà l'abîme où tombent les Officiers, s'ils ne ſont point obſervés ils deviennent inutiles; auſſi voyons nous avec déplaiſir que ces Edits n'ont gueres produit autre choſe que d'obliger les Duelliſtes à cacher leurs combats, au lieu de les ſuprimer tout à fait; on ne ſe bat gueres moins qu'autrefois ſur tout de puis 15 ans; mais on ne s'en vante plus publiquement, on prend grand ſoin d'en faire rien paroître en public, on ne s'en vante plus qu'avec des camarades, qui ſe croyent fauſſement obligez au ſecret, mais l'Etat n'en perd pas moins de bons ſujets; enfin il demeure conſtant qu'en la ſituation où ſont les choſes, l'homme d'Epée étant dans un danger perpetuel d'être offenſé, il eſt dans un danger perpetuel de perdre ou l'honeur ou la vie.

J'en dis autant de l'homme d'Epéé offenſeur, le plus honête homme du monde peut par mégarde, ou en badinant, offenſer un brutal qui le fait apeler en Duel, s'il refuſe l'apel, quand même il déclareroit ſelon la verité qu'il étoit fort éloigné de vouloir l'offenſer, il eſt déshonoré dans l'eſprit de ſes camarades qui en ſuivant la coûtume & l'opinion du vulgaire, atachent ſotement du deshoneur à ce refus. Ainſi on peut dire avec raiſon que tout homme d'Epée qui offenſe ou qui eſt offenſé eſt un homme perdu. Or combien de fois par mois, ſur tout à l'Armée court-il riſque ou d'offenſer ou d'eſtre offenſé, voilà une grande preuve que de ce coté-là nôtre police eſt bien imparfaite en comparaiſon de celle des Romains.

En verité quand on voit d'un côté combien les gens d'Epée courent de perils que ne courent pas les gens de Robe pour le ſervice du Roy & pour le ſalut de la Patrie, & quand l'on conſiderera de l'autre la difference qui eſt dans leur conditions pour la ſuite des offenſes ou actives ou paſſives, on ne ſçauroit s'empécher de ſouffrir la même peine que l'on ſouffre à voir diſtribuer trés-injuſtement les recompenſes publiques.

Que l'on faſſe réflexion à la triſte ſituation d'un Officier offenſé, brave comme Ceſar ; d'un coté une loi d'honeur,ou plûtôt une loi de dés-honeur,loi non écrite, mais connuë de tout le monde, ſoûtenuë de l'exemple, de la coûtume, de l'opinion du vulgaire dont il eſt environné, lui commande imperieuſement de ſe batre, ſur peine d'être dés-honoré dans le monde, d'être regardé comme un poltron parmi ſes camarades ; de l'autre la loi du Prince lui défend de ſe batre, ſur peine de la mort ; le voilà dans la triſte neceſſité de perdre ou l'honeur ou la vie.

Or, l'homme d'honeur peut-il balancer à preferer la mort à une vie dés-honorée ? le Prince lui-même & l'interêt de la Patrie ne demandent-ils pas qu'un Officier craigne moins la mort que le dés-honeur, & cette maxime n'eſt-elle pas le fondement de la fermeté de l'Officier dans les ocaſions les plus perilleuſes.

D'un côté comment ne pas blâmer le ſujet qui viole une loi trés-ſagement faite pour la conſervation des Citoyens ; mais de l'autre comment blâmer le Gentilhomme

homme, l'Officier qui ne le viole que pour éviter le déshoneur.

Je ne dis que ce mot en passant, pour faire sentir combien les Officiers, combien les Gentilshommes seront à plaindre, tandis que le Roi ne donera pas ses soins à faire changer la loi presente du déshoneur; elle est réellement trés-impertinente, mais toute impertinente qu'elle est, elle subsiste, & subsistera jusqu'à ce que l'on ait trouvé le moyen de remettre peu-à-peu le vulgaire François dans l'état de bon sens naturel, sur le vrai & le faux déshoneur, sur la vraye & la fausse infamie où estoit le vulgaire Romain.

Cette impertinente loi est tellement autorisée dans nos Troupes, qu'un Officier qui a reçû une insulte, s'il ne fait un apel à l'offenseur, se trouve forcé par les autres Officiers & par le Commandant même, à quitter le Regiment; j'en sçai divers exemples dans les corps mêmes qui gardent le Roi; on compte pour rien qu'un Officier aime mieux passer pour poltron, quoique brave, que de commettre un peché mortel, & un crime capital en désobeïssant formellement à la loi & à la volonté du Prince; on compte pour rien qu'il ne veüille pas risquer son salut, & perdre les bonnes graces de son Roi; il ne se bat point, donc, c'est un poltron, c'est un poltron, donc il faut le chasser; on m'en a dit un exemple arrivé depuis peu de jours à Marli, dans le Regiment des Gardes Suisses, à l'égard d'un Sergent qui avoit reçû un souflet.

Est-il possible, me dira-t-on, que le Roi soit pour ainsi dire tous les jours environné de Duels, sans en savoir aucun? est-il possible qu'il y ait dans ses

Troupes une loi qui chasse honteusement l'Officier, le Soldat insulté qui ne se bat pas en Duel? est-il possible, est-il vrai que cette loi soit publique, connuë de tout le monde, publiquement autorisée, publiquement executée, sans que le Roi & le Ministre en sçachent rien? cela n'est pourtant que trop vrai; il n'est que trop vrai que ses sages Ordonnances sur les Duels, tant vantées & avec tant de raison par nos Orateurs, tant chantées par nos Poëtes, sont presentement regardées comme des épouvantails presque inutiles; tandis que la loi contraire, loi trés-insensée est trés-religieusement observée.

V. CONSIDERATION.

Vûë generale sur les préservatifs.

IL n'est pas nécessaire de chercher d'autres preuves que celles que j'ay aportées, pour montrer aux gens de bon esprit qu'il est faux que l'Officier offensé doive estre déshonoré, s'il pardone l'offense, ou s'il s'en plaint au Magistrat militaire, il n'est pas necessaire de s'arrêter à montrer combien la coûtume du Duel est opposée au Christianisme; il n'est pas même dificile de montrer que celuy qui a fait un apel, doit estre déshonoré dans l'esprit des plus honestes gens, comme un homme qui a fait une action trés-blâmable à en juger par les loix fondamentales de la societé, qui sont elles-mêmes les régles fondamentales de la morale. Cette verité n'est pas difficile à persuader à ceux qui ont l'esprit droit.

Le difficile, c'eſt de perſuader cette même verité au vulgaire prévenu, au vulgaire qui n'a point le ſens de la verité, qui n'a point le diſcernement neceſſaire pour diſtinguer ce qui eſt blâmable, de ce qui ne l'eſt pas, ce qui eſt trés-blamable de ce qui l'eſt moins, & qui ne juge du bien & du mal, de la gloire & de l'infamie, que par exemple & par coûtume; il ne faut pas ſe tromper par le mot de *vulgaire*, j'entens ici tous ceux, & même tous les honêtes gens qui penſent *vulgairement* de quelque condition, de quelque naiſſance qu'ils ſoient, le nombre en eſt plus grand qu'on ne croit.

Mais qu'importe, me dira-t-on, de ce que penſe le *vulgaire* ſur ce ſujet; qu'importe qu'il croye déshonoré du côté de la valeur, l'Officier qui pardone l'offenſe ou qui s'en plaint au Juge prépoſé par l'Etat; eſt-ce au vulgaire qui n'aprofondit rien à faire la loi de l'honeur & du déshoneur? le vulgaire doit-il eſtre écoûté? doit-il eſtre conſulté dans une affaire auſſi ſerieuſe?

Je ne dis pas que ce ſoit au *vulgaire* à faire une loi auſſi importante; mais enfin il l'a fait. Je ne dis pas qu'il doive eſtre écouté; mais il l'eſt, & ſon jugement tout mépriſable qu'il eſt en luy-même eſt conté pour beaucoup; c'eſt que la plupart des jeunes gens, le gros des Officiers & des Gentilshommes eſt *vulgaire* lui-même; ainſi il n'eſt pas étonant que tous les jeunes gens qui cherchent avec empreſſement l'aprobation de ceux dont ils ſont environnés, reçoivent la loi de l'honeur & du déshoneur des mains de ce *vulgaire*; & comment voudriez-vous qu'un jeune Officier inſulté, qui n'a encore ni principes pour juger de ce qui eſt blâmable,

& de ce qui eſt loüable, ni fermeté pour ſe tenir à des principes, n'écoutât pas & ne ſuivît pas l'opinion de tous ceux dont il eſt environné.

Il eſt donc de la derniere importance dans cette affaire d'aller juſqu'à la racine du mal, & par conſequent de déſabuſer peu-à-peu le *vulgaire* lui-même ſur ce ſujet, & cela n'eſt pas ſi aiſé qu'on pouroit ſe l'imaginer : quand on a des gens ſenſez à perſuader, on eſt preſque ſeur du ſuccés, pourvû que l'on ait de bonnes raiſons à leur propoſer ; c'eſt-à-dire, pourveu qu'on puiſſe leur montrer leur interêt avec évidence ; mais il faut tenir une conduite toute differente avec la multitude qui n'eſt qu'un aſſemblage de ſots qui n'ont pas le ſens de conoître leurs interêts, & cela n'eſt pas aiſé, ſur tout à ceux qui ne ſont acoûtumés à traiter qu'avec des perſonnes ſenſées.

La raiſon par elle-même n'a nul crédit ſur l'eſprit des ſots ; leur ignorance, leur groſſiereté, leur peu d'atention, leur défiance, leurs prejugés ridicules, & ſurtout leur manque de ſens pour le vrai, pour le faux, pour le nuiſible, pour le loüable, pour le blamable ; tout cela fait que la raiſon par elle-même, n'a nul empire ſur eux, à moins qu'elle ne ſoit acompagnée des mêmes marques ſenſibles que l'on a coûtume d'atacher aux actions loüables.

Il faut donc que le Legiſlateur cherche dans les choſes qui frapent les ſens des marques déshonorantes & infamantes, pour déshonorer celui qui par un apel fera une action que la loi condane comme infâme ; il faut mettre dans ces marques exterieures, tout ce qui peut exciter le mépris & l'horreur du vulgaire même,

& lui faire haïr comme infâmes ces fanfarons insensez, qui se piquent de bravoure contre le service du Roi, & contre les interêts de leur Patrie; il est de même à propos d'honorer par des marques exterieures de distinction, les offensés qui auroient eu le courage en méprisant l'opinion vulgaire, ou de pardonner en public, ou de se plaindre au Magistrat Militaire.

Les remedes les plus efficaces sont des remedes proportionés au malade & à la maladie, c'est cette proposition qui en fait l'éficacité; il est triste pour un legislateur d'avoir à inventer, à imaginer, à peser, à employer pour remedes, pour preservatifs des choses qui ne paroissent que des minuties aux gens raisonables; mais s'il est vrai d'un côté que le vulgaire ne sauroit être gueri sans ces minuties qui sont en proportion avec son ignorance & sa grossiereté, & s'il est vrai de l'autre que si le vulgaire n'est gueri sur le faux déshoneur qu'il atache à pardoner une injure, ou à s'en plaindre, il est impossible de remedier efficacement à la maladie dont est question, il s'ensuit que ces minuties cessent en cette rencontre d'être minuties.

Ainsi qu'on ne s'étone point si au nombre des preservatifs les plus efficaces, j'ose proposer de ces sortes de minuties, & peut-être que plus on aprofondira la matiere, plus on les trouvera necessaires, plus on voudra y en ajouter de nouvelles pour parvenir à guerir enfin nôtre Nation ou plûtôt nôtre Noblesse d'une sote manie qui la déshonorera seurement dans la posterité du côté du bon sens, sans qu'elle en soit jamais plus honorée, ni plus estimée du côté de la bravoure.

PREMIER PRESERVATIF.

Infamie de manquer à ſa parole.

NOus avons, ſurtout dans la Nobleſſe Françoiſe, une opinion ancienne qu'il eſt infame & indigne d'un Gentilhomme de n'avoir point de parole, de manquer à une parole d'honeur, donnée ſolennellement ſur une affaire ſerieuſe & importante; cette opinion eſt Dieu-merci ſi bien établie qu'elle paſſe en forme de loi; c'eſt une de nos loix du déshoneur & elle eſt ſi bien ſuivie qu'un Officier priſonier qui auroit doné ſa parole d'honeur de ne point ſortir d'une Ville, ſeroit entierement déshonoré dans le monde & parmi ſes camarades, s'il oſoit s'enfuir & revenir dans ſon Peïs, chacun lui reprocheroit ſon manque de parole, cette loi n'eſt point écrite; mais comme elle eſt fondée non-ſeulement ſur l'équité, mais encore ſur l'interêt de la ſocieté, il n'y en a point de plus ſolide & de moins ſujete au changement.

Or on peut ſe ſervir utilement de la force de cette loi, pour affoiblir beaucoup, & même pour abolir entierement la loi du déshoneur, qui commande le Duel, & l'on peut s'en ſervir avec d'autant plus de ſuccés en les opoſant l'une à l'autre, que la loi qui commande le Duel, eſt fondée ſur le faux, qu'elle eſt inſenſée, contraire à l'interêt de l'offenſé, & directement opoſée à l'interêt de la ſocieté, & par conſequent trés-peu ſolide.

Il ſuffit pour cela que le Roi ordone que tout Gentilhomme, que tout Officier donera ſolennellemnt ſa parole d'honeur de ne ſe batre jamais en Duel : or il eſt èvident qu'alors outre tous les autres motifs raiſonables que l'offenſé a de ne ſe point batre, il en aura encore un nouveau trés-puiſſant & de même eſpece que la loi de ſe batre, qui eſt la crainte d'être déshonré en manquant à ſa parole d'honeur donée au Roi, à l'Etat, à ſa Patrie.

Voici un formulaire de *Serment d'honeur* que je propoſe, afin que l'on puiſſe voir plus facilement ce qui doit y entrer & ce qui n'y doit pas entrer.

FORMULAIRE.

JE ſouſſigné, reconois que c'eſt un crime & une action trés-blamable & trés-indigne d'un Officier & d'un Gentilhomme, de violer les loix établies pour la conſervation de la vie de mes Compatriotes, & furtout pour la conſervation de la vie des Officiers & des Gentilshommes mes pareils, & que ce ſeroit les violer que de faire un apel, d'en accepter un & de ſe batre en Duel.

Je reconois que la coûtume des Duels eſt un reſte de Barbarie qui affoiblit l'Etat, en lui ôtant tous les jours une partie de ſes deffenſeurs, que par de ſemblables combats on ne ſauroit jamais montrer qu'une bravoure trés-indignement employée ; qu'ainſi tout bon François, tout Gentilhomme, tout Officier qui aime ſon Prince & ſa Patrie, doit contribuer de tout ſon pouvoir à abolir entierement cette coûtume, comme inſenſée, honteuſe & pernicieuſe.

Je déclare que je ſuis perſuadé que le commandant qui par une cruelle pitié, ne fait pas arêter les Duelliſtes, commet une eſpece de trahiſon contre l'Etat, puiſque tant que les criminels pourront eſperer l'impunité de leur crime, de l'imprudence & de la malverſation des Commandans, on ne peut jamais faire tarir la ſource d'une infinité de meurtres des plus braves deffenſeurs de l'Etat.

Je reconois que c'eſt une des choſes du monde les plus honteuſes & les plus déshonorantes que de manquer à ſa parole d'honeurdans une affaire ſerieuſe & importante, & que ce ſeroit une action trés-infame de manquer à une parole d'honeur donée au Roi, en la perſonne du Prince du Sang, ou de l'Officier general qui repreſente Sa Majeſté, ſur tout pour l'obſervation d'une loi trés-judicieuſe & trés-ſalutaire.

Dans cêtte perſuaſion je done ma parole d'honeur au Roi mon Maiſtre & mon Seigneur, entre les mains de vous, Monſieur, qui le repreſentés, & je jure par ſerment devant Dieu, en preſence de tous ces braves & bons François, qu'offenſé & inſulté, je ne ferai jamais aucun apel, ni directement, ni indirectement; mais que je pardonerai l'offenſe, ou que je m'en plaindrai à l'Officier à ce prépoſé.

Je done de même ma parole d'honeur, & fais ſerment, qu'eſtant regardé comme offenſeur, je n'accepterai jamais aucun apel, mais que je donerai auſſi-tôt avis de l'apel au Commandant, pour me ſoumettre à ſon jugement ſur la ſatisfaction prétenduë.

Je

Je done donc ma parole d'honeur au Roi, & fais ſerment que je ne me batrai jamais en Duel, que j'empécherai tout Duel, que je rendrai ſincerement témoignage de ce que je ſaurai, que je donerai ou ferai doner avis de bonne heure à l'Officier prépoſé de toute querelle & de tout Duel dont j'aurai connoiſſance, & qu'étant Commandant je donerai ſincerement tous mes ſoins, & pour empécher les Duels, & pour arêter tous les Duelliſtes de mon département.

ECLAIRCISSEMENT.

Pour rendre ces ſermens plus ſolennels, il ſeroit à propos qu'ils ſe fiſſent dans les revûës, & s'il étoit poſſible, entre les mains d'un Prince du Sang, ou d'un Maréchal de France, ou au moins d'un Lieutenant general, en mettant ſa main droite dans la main du Prince; il ſeroit bon auſſi que celui qui prête le ſerment avant de le prêter, eût doné ſon Epée à quelqu'un de la ſuite de celui qui le reçoit, & qu'alors celui-ci prenant l'Epée dans le fourreau & la donant à celui qui a prêté ſerment, lui dît, *Monſieur, cette Epée eſt au Roi & à l'Etat, je vous la donne à condition que vous ne la tirerés jamais que pour leur ſervice, ou pour deffendre vôtre vie.*

Plût-à-Dieu que le Roi voulût bien faire l'honneur aux Maréchaux de France, aux Officiers Generaux & même aux Colonels, de recevoir leur ſerment d'honeur, cette ſolennité feroit une grande impreſſion ſur tout le monde.

Il ſeroit peut-être à propos qu'en tems de paix d'ici à

deux ou trois ans, quelques Maréchaux de France visitassent les frontieres, tant pour recevoir les sermens d'honeur des Officiers, que pour s'informer des querelles & des plaintes, & doner ainsi peu-à-peu vigueur à la loi, & s'informer de ce qui peut contribuer à la faire observer encore plus exactement.

Il seroit bon aussi que les Gentilshommes qui sont cadets ou dans l'Infanterie ou dans la Cavalerie, prêtassent le même serment d'honeur.

L'Edit nouveau pourroit de même ordoner que dans les Provinces les Gentilshommes à dix-huit ans, doneroient la même parole d'honeur entre les mains des Subdéléguez des Maréchaux de France, & qu'ils n'auroient nulle presséance avant les Roturiers aprés dix-huit ans, qu'ils ne l'eussent presté & qu'ils n'eussent un Imprimé du formulaire, au pied duquel seroit le Certificat de la prestation.

Le Major du Régiment tiendra le Regître des sermens, & il y en aura un dans chaque Corps militaire, chaque Officier, à chaque Grade nouveau renouvellera son serment, chaque Subdélégué des Maréchaux de France aura de même un pareil Regître.

Je sai qu'en 1651. un grand nombre d'Officiers considerables signerent une Déclaration publique, par laquelle ils promettoient qu'ils ne se battroient jamais en Duel; cette espece de serment fut fort aprouvé; mais 1°. On n'y aporta pas la forme & la solennité du serment. 2°. Il n'étoit pas universel. 3°. On en a discontinué l'usage, ainsi il n'est pas étonant que l'on en ait tiré si peu de fruit.

SECOND PRESERVATIF.

Punitions infamantes.

Comme la ſource du Duel eſt la crainte d'un faux déshoneur, il eſt à propos d'y opoſer la crainte d'un vrai déshoneur ; on ne ſauroit donc trop atacher de marques infamantes à la punition de ce crime.

Ainſi au lieu de couper le cou au criminel, la loi pourroit ordoner qu'il ſera pendu, on pourroit y ajouter quelque écriteau infamant, tel que celui-ci, *pour avoir atenté d'une maniere infame à la vie d'un deffenſeur de la Patrie*, *contre la parole d'honeur donée au Roi.*

On devroit mettre de l'infamie juſques dans la priſon, & comme un Duel eſt un excés de folie & de fureur, on pourroit ordoner aux Duelliſtes de Paris, les petites maiſons pour priſon.

Et afin de pouvoir doner plus ſouvent au peuple des ſpectacles de punitions infamantes, le Roi pourroit commuer la punition de mort, en priſon perpetuelle, ſurtout à l'égard de ceux qui n'auroient point tué à condition que tous les ans on les expoſeroit pluſieurs fois en place publique, avec un habillement bizare, propre à faire rire la populace, avec un écriteau infamant : en propoſant de faire ſervir les Duelliſtes de ſpectacle honteux au bas peuple, je ne prétens pas diminuer la punition du Duel de l'Ordonance de 1679. puiſque la plûpart des criminels aimeroient mieux mourir que d'être ainſi donné tous les ans en ſpectacle ; mais quand cela ſeroit regardé par quelques-uns pour une diminution de peine, comme il est certain que ces sortes de spectacles infamans, sont absolument necessaires, pour déraciner les fausses maximes du vulgaire sur ce qui est déshonorant : les spectateurs & ceux qui en entendront parler, seront comme forcés d'examiner le Duel, & ils le verront enfin tous avec le tems, tel qu'il est, injuste, odieux, infâme, & entierement insensé.

A l'égard des traitemens exterieurs qui pourront rendre le Duelliste ridicule, meprisable, odieux tant qu'il sera en spectacle ; le Réglement peut laisser aux Lieutenans de Police des Villes, d'y pourvoir selon les circonstances. Pour ces sortes de spectacles, il seroit à propos de choisir des sujets peu estimez, & de distribuer quelque chose à la canaille ; il faut viser à changer l'opinion du vulgaire sur le Duel, & toutes ces minuties y peuvent plus servir qu'on ne croit.

III. PRESERVATIF.

Ridicule sur les Duellistes.

LEs Comedies peuvent beaucoup contribuer aux opinions populaires, & un Duelliste qui cherche de l'honeur dans une action déshonorante ; un Spadassin qui veut être plus brave que les plus braves Romains ; un prétendu homme d'honeur qui ne fait point de cas de sa parole d'honeur, un homme qui fait & qui suit des raisonemens aussi extravagans que celui qui fait un apel ou qui l'accepte, donne assés de prise au ridicule, pour que les bons Poëtes en puissent faire d'excellens Tableaux qui rendent les Duelliſtes trés-mépriſables ; le Roi pourroit même pendant quelques années doner un prix au Poëte qui réuſſira le mieux, ou à faire des pieces ou des ſcénes ſur ce ſujet, ou à traduire en ridicule la fameuſe Tragedie du Cid, qui a tant ſervi à ſoûtenir la ſote opinion du vulgaire ſur les Duels.

IV. PRESERVATIF.

Punition des Aprobateurs du Duel.

IL eſt certain que les hommes & les femmes qui aprouvent en converſation l'opinion *qu'il eſt déshonorant pour l'offenſé de pardoner ou de ſe plaindre*, aprouvent folement une opinion trés-opoſée à l'interêt de l'Etat en general, & trés-pernicieuſe pour les familles d'Epée en particulier ; cette aprobation n'eſt donc pas ſeulement une vrai folie par raport à ceux qui aprouvent, mais comme elle eſt encore trés-nuiſible à l'Etat, parce qu'elle contribuë à ſoûtenir & à faire durer ces maudites maximes ; il eſt certain que c'eſt une folie puniſſable & qui merite d'être réprimée.

Il paroîtroit donc à propos de punir de tems en tems quelques-unes de ces langues folles & meurtrieres pour arêter le mal dans ſa ſource : or la punition la plus convenable ſeroit de les envoyer par Lettre de cachet paſſer quinze jours en ſilence, les hommes aux petites maiſons, les femmes dans un Couvent à lire quelques traitez politiques & Chrétiens ſur les Duels : il y en a déja ſur cette matiere ; mais le Roi pourroit doner des prix à ceux qui compoſeroient les meilleurs, ils aprendroient dans la solitude que le Concile de Trente anathematise & excomunie ceux qui conseillent & qui aprouvent un Duel.

Pour détruire la premiere cause des Duels, il faut détruire dans le vulgaire cette impertinente opinion, & pour la détruire que peut-on faire de mieux que de jeter du ridicule & du mépris à pleines mains sur ses Partisans. Cette conduite obligera les sots & les sotes à s'instruire de la matiere avant que d'en parler ; ainsi, ou ils n'en parleront point, ou bien ils en parleront comme les personnes sensées, & il est seur que dés qu'ils auront apris à en parler sensément, ce fantôme du faux déshoneur qui fait tant de peur aux esprits foibles sera entierement dissipé, & la premiere source des Duels entierement évanoüie.

On pourroit même joüer quelquefois sur le Theatre ces Aprobateurs & ces Aprobatrices, aussi bien que les Duellistes, on peut plus tirer du Theatre que l'on ne pense pour nos mœurs; mais il faudroit pour cela que le Roi formât une Compagnie sous la direction du Lieutenant de Police, pour proposer des sujets & pour distribuer des prix à ceux qui reussiroient le mieux dans l'execution : & plût-à-Dieu que cet établissement se fit pendant que nous avons à la tête de la Police un homme aussi zelé pour le bien public, aussi laborieux & aussi éclairé, qui pût doner une forme solide à un établissement si utile ; & pourquoi le fonds qui seroit necessaire pour cela ne pourroit-il pas se prendre sur les spectacles mêmes ? & dés que l'on convient qu'ils sont necessaires dans une Capitale pour l'amusement du public, pourquoi ne pas songer à en tirer toute l'utilité qu'ils ſont capables de produire?

C'eſt faute d'émulation & de cette eſpece de direction des pieces de Theatre que nos Poëtes s'égarent; ils ne viſent qu'à plaire au plus grand nombre, & le plus grand nombre eſt le plus corrompu; ils ſe ſoucient peu de nos mœurs; ainſi le Theatre abandoné aux Poëtes, au lieu de contribuer à rendre nos mœurs plus raiſonables, ne ſert ſouvent qu'à les corrompre encore davantage; mais cette penſée demanderoit plus d'étenduë, & je ſortirois de mon ſujet.

V. PRESERVATIF.

Oter les Maîtres d'Armes.

IL eſt certain que l'Epée ne devroit eſtre d'uſage qu'à la Guerre, qu'on ne devroit jamais l'employer que pour deffendre ſa vie & pour détruire les ennemis de la Patrie; il n'eſt pas moins certain ſelon, l'avis des gens de Guerre même, que ce qu'enſeignent ces Maîtres d'Armes ne ſert de rien dans une aſſaut ni dans une bataille ſur terre ni ſur mer; un bon Grenadier riroit ſi pour le perfectioner dans l'art de tuer beaucoup d'ennemis en peu de minutes, on lui conſeilloit d'aler chez de pareils Maiſtres; cependant il eſt vrai que cet art donne aux jeunes gens une certaine confiance en leur adreſſe, qui les détermine ſouvent, ou à faire, ou à accepter un apel.

Il eſt vrai encore que l'on ne s'entretient dans ces Ecoles que d'hiſtoires de Duels & de maximes trés-fauſſes ſur l'honeur & ſur le déshoneur, dont la jeuneſſe s'empoiſonne avec beaucoup de facilité.

Et à dire la verité il ſemble que cet art n'a été néceſſaire que dans les Regnes où les combats ſinguliers étoient publiquement tolerés ; mais dés qu'ils ſont avec tant de raiſon ſi publiquement & ſi ſeverement deffendus, ne devroit-on pas en proſcrivant les Duels, proſcrire encore l'art & les Maiſtres d'un Art ſi pernicieux qui ne fut jamais conu des Romains, quoiqu'ils ſe ſerviſſent encore plus ſouvent & plus utilement de l'Epée que nous ne faiſons.

VI. PRESERVATIF.

Oter la Mode de porter l'Epée ailleurs qu'à la Guerre & en voyage.

LEs Romains à Rome ne portoient point d'Epée, & ils auroient trouvé auſſi étrange que quelqu'un d'entre eux en portât ordinairement une aux Temples & dans les maiſons à ſon coſté, que nous trouverions étrange que quelqu'un d'entre nous portât toûjours à Paris, dans l'Egliſe & dans ſes viſites, des piſtolets à ſa ceinture, & à dire le vrai ſi nous conſultions la raiſon, nous trouverions qu'à l'exemple des Romains nous devrions nous exempter de porter les armes lorſqu'elles ſont inutiles & incomodes, & laiſſer le ſoin d'en porter ſeulement à ceux dont le devoir eſt d'être toûjours armés pour la ſureté du Roi & des Citoyens ; on peut dire même que ceux-cy en ſeroient beaucoup plus reſpectés par les ſcelerats, par les emportez & par les gens yvres, & cette augmentation de reſpect pour nos Pro-

tecteurs

tecteurs, augmenteroit la sureté publique.

Je sai bien qu'originairement les Officiers hors de la guerre, & à la suite des guerres civiles, ont conservé l'Epée comme une marque de distinction honorable qu'affectoit la Noblesse. Mais depuis que tant de sortes de Domestiques, & autres gens de même aloi se sont doné la liberté de la porter, ce n'est plus une distinction, ce n'est plus qu'une incommodité, & pour soi-même & pour les autres.

Il est vrai qu'on pourroit la défendre à tous ces gens-là, & reserver le droit de la porter aux Gentilshommes & aux Officiers; mais il seroit plus difficile dans la pratique de l'ôter à tous ceux qui la portent sans droit, que de l'ôter tout d'un coup & aux Nobles & aux Roturiers, & de substituer pour les Officiers & pour les autres Gentilshommes une marque exterieure, qui ne seroit point incommode; par exemple, l'Officier pourroit porter en broderie d'argent sur son habit quelques lettres du nom de son employ, le Noble qui n'auroit point eu d'employ militaire, pourroit porter en broderie ces trois lettres NOB.

S'il y a encore tant de Duels, c'est qu'un très-grand nombre demeurent impunis, & ils demeurent impunis, parce qu'on manque d'indices & de preuves: or si l'on ne portoit point d'Epée dans les Villes, à Paris, par exemple, il est certain que lorsque l'on trouveroit quelqu'un avec une Epée, ou blessé d'une Epée, ce seroit une grande preuve qu'il y auroit eu un combat, ou que l'on estoit dans le dessein de se batre, & dès qu'on verroit sortir quelque Officier avec une Epée, on seroit bien-tôt à sa suite pour l'empêcher de se batre.

Il est certain que ce grand nombre de querelles qui arrivent necessairement au Cabaret, au Jeu, au Bal, aux Spectacles, & en cent autres rencontres, ne seroient jamais meurtrieres, si personne ne portoit d'Epée: or il n'est pas moins du devoir du Legislateur de preserver ses sujets de ces sortes de meurtres publics de rencontre, que de les preserver des meurtres cachez du Duel.

Nos guerres civiles avoient si bien accoûtumé les Officiers à ne point quitter leurs botes, qu'ils faisoient leurs visites ordinaires botez: & comme c'estoit le bon air d'estre toûjours boté, beaucoup d'autres gens que des Officiers prirent des botes, de sorte qu'il estoit presque honteux de n'en pas avoir; mais on en diminua la pesanteur: ensuite on les fit propres & très-legeres avec des éperons dorez, & on les portoit tous les jours, sans avoir aucun dessein de monter à Cheval, sans même avoir de Cheval.

C'est aparament des guerres civiles que nous tenons aussi la mode de ne point quitter l'Epée, quoique nous n'eussions pas plus de dessein de nous en servir pour attaquer, ou pour nous défendre, que nous avions dessein de nous servir de nos botes & de nos éperons dorez pour monter à Cheval: aussi à la fin nous avons ôté les gardes de nos Epées, & nous les portons si courtes, qu'il est visibles que ce n'est plus pour s'en servir qu'on les porte, mais pour ne se pas singulariser.

Le bon sens a enfin eu le credit de nous défaire de nos botes, & de nous-mêmes, sans aucun secours d'Ordonnance, nous en avons renvoyé l'usage à la guerre & aux voyages. Le Roy ne pourroit-il pas par le nouveau Reglement supléer à ce qui nous manque encore de bon sens à l'égard du port de l'Epée, & nous ordonner de laissser chez nous nos Epées pour la guerre & pour les voyages, comme nous y avons déja laissé nos botes.

Le Roy chargé d'affaires importantes n'avoit pas besoin de prendre le soin de nous retrancher nos botes, elles nous incommodoient à la verité, mais d'un côté chacun estoit le maistre de les quitter, & de l'autre elles ne causoient aucun meurtre : mais il n'en est pas de même des Epées, autant qu'elles sont necessaires dans les places, sur les frontieres en tems de guerre, contre les ennemis, autant sont-elles pernicieuses dans les Villes au milieu de la paix, contre les Citoyens. Le particulier souvent confond les tems & les lieux, mais c'est au Legislataur à les distinguer, c'est à luy à nous laisser pleine liberté sur les modes innocentes; mais c'est à lui à publier le plus promptement qu'il est possible une Ordonnance pour nous défaire d'une mode qui cause tous les mois à Paris, & dans les Provinces la mort de plus de trente Citoyens.

OBJECTION.

Si l'on ne porte plus d'Epée à la Ville ny la nuit, ny le jour, les Voleurs, qui en auront, ne craindront plus la résistance, & par consequent ils voleront beaucoup davantage.

REPONSE.

1o. Les Voleurs n'oseront en porter, puisque s'ils étoient pris la nuit avec une Epée, il ne faudroit pas d'autres preuves contre eux pour les faire condamner.

2o. Il est fâcheux de se faire voler, mais il est encore plus fâcheux de se faire tuer pour sauver sa bourse, qui est toûjours peu de chose en comparaison de la vie : or quand un brave homme a une Epée, il a bien de la peine à s'empêcher de la tirer en pareille occasion : d'ailleurs les Voleurs ont grand soin d'être les plus forts, & d'ataquer par surprise, & avec avantage.

J'ajoûte à ce même préservatif, qu'il seroit encore très-convenable de défendre les cannes & les bâtons dans les Villes à tous ceux qui ne seroient point incommodez, ou qui n'auroient point atteint l'âge de cinquante ans.

VII. PRE'SERVATIF.

Punition contre les Commandans.

SI les Colonels, ou les autres Commandans des Régimens & des Compagnies continuënt à ignorer, ou à faire semblant d'ignorer les combats des Officiers & des Gentilshommes non Officiers, & à n'en point avertir la Cour, s'ils ne donnent point leurs soins pour faire arrêter sur le champ, & mettre en prison sûre ceux qui seront ou convaincus, ou même soupçonnez de Duel, il est évident que la Cour ignorera toûjours la grandeur du mal; que les Duels étant ignorez & impunis, seront toûjours aussi frequens, & qu'ainsi tous les soins du Roy demeureront absolument inutiles.

D'un autre côté il est évident que si les Commandans ne sont point punis sévérement & de leur négligence à s'informer, & de leur ignorance affectée, ils continuëront de tenir la même conduite; il seroit donc à propos de déclarer par le Reglement que tous les Commandans, qui de ce côté-là manqueront à leur devoir, seroient cassez d'un maniere infamante.

Mais si ces Commandans savent que la Cour ne peut être informée d'un combat que par eux, ils retomberont bien-tôt dans leur négligence; il seroit donc à propos que le Ministre eût dans chaque Corps militaire de bas Officiers, & même des Soldats, pour espions cachez, qui fussent *chargez* d'avertir la Cour de tous les combats qui viendroient à leur connoissance.

Je ne say même s'il ne seroit pas à propos de distinguer par des recompenses de pensions, ou autrement, les Commandans qui se distingueroient par le grand nombre de querelles qu'ils auroient terminées, & par le grand nombre de Duellistes qu'ils auroient fait arrêter en un an par rapport au nombre des Officiers qui sont sous leur Commandement. Punition & recompense, voilà les seuls ressorts de la politique; punir les négligens, recompenser ceux qui se distinguent par leur vigilance.

E'CLAIRCISSEMENT.

Cet article est tout des plus importans pour le succez de l'affaire, & c'est pour cela qu'il m'a paru digne d'un plus grand éclaircissement.

Il est certain que si le Commandant d'un Regiment est vigilant, & que s'il a de bons espions, il sera informé de tous les combats; car 1°. souvent la querelle est publique, 2°. il y a ordinairement blessure, & le Chirurgien y est apelé, & à ce propos je croirois utile que le nouveau Reglement ordonnât aux Chirurgiens, sur peine d'amende & d'interdiction, de donner avis au Commandant par un billet, qu'il traite un homme blessé d'un coup d'Epée, ou d'un coup de feu. 3o. Il y a presque toûjours des passans, ou des gens du lieu qui sont témoins du Duel, ainsi le bruit en est bien-tôt répandu. 4o. Celui qui a eu l'avantage, s'en vante presque toûjours; c'est qu'il ne se bat que pour s'en vanter, ou du moins pour n'être pas déshonoré dans l'esprit de ceux qui ont eu connoissance de la querelle : or dès que quelqu'un le sait, il le dit bien-tôt à l'oreille à son ami, & celuy-cy à un autre; il est donc presque impossible qu'un Duel soit ignoré de tout le monde, & très-rare qu'il soit connu de quelqu'un sans qu'il le soit bien-tôt de la plûpart des Officiers du Regiment. Il est bien difficile que parmi ceux qui savent le combat, il n'y ait quelque ennemi secret ou declaré de l'un des Duélistes, & celuy-cy engagé par serment d'honneur, & sous punition dèshonorante, à en donner avis au Commandant, sera ravi d'avoir un pretexte honête de faire sortir du Regiment un homme qui luy deplaît.

Quand les Officiers sauront que le Commandant, pour faire sa Cour, avertira le Ministre de leurs querelles pour se faire honeur de les avoir accommodées, & d'avoir prévenu le combat, ils seront plus retenus à se quereller, & plus prompt à se raccommoder par la médiation de leurs amis, avant que d'être apelez par le Commandant.

Je suis donc persuadé que les Commandans seront exactement informez de tous les Duels de leurs Officiers subalternes, quand ils voudront bien l'estre : & cela prouve qu'il est absolument necessaire qu'ils soient fortement preſſez & par leur ſerment d'honneur, & par un grand interêt, à en avertir la Cour.

Le Commandant de Nice fut caſſé, il y a cinq ou ſix ans, pour n'avoir pas fait arrêter deux Duéliſtes, & pour n'en avoir pas informé la Cour. On voit bien par cet exemple que le Roy veut être informé de tous les Duels, je dis de tous, car il n'en a excepté aucun, ny ceux qui ſont le plus cachez, non plus que ceux qui ſont les plus publics & les plus éclatans; mais on voit en même tems qu'il faut bien qu'on croye dans le monde que Sa Majeſté ne veut pas ſincerement en être informée, puiſque depuis trente ans il s'eſt commis plus de dix mille Duels ſous les yeux de cinq cens autres Commandans, dont ils n'ont rien écrit à la Cour, cependant aucun de ces Commandans n'a eſté caſſé.

Ce Commandant a eſté plaint par ceux qui, comme luy, ne ſont pas encore aſſez éclairés, pour voir quelle playe la malheureuſe coûtume des Duels fait à l'Etat en general, & aux Familles nobles en particulier. Ils ne ſont pas reflexion que c'eſt un devoir eſſentiel à un Commandant de tenir rigoureuſement la main à l'execution des Edits du Roy contre les Duels, puiſque ne les point punir, c'eſt les permettre tacitement, c'eſt tacitement permettre une infinité de meurtres des perſonnes les plus importantes du Royaume, c'eſt donner occaſion aux déſobéiſſans de nous priver en un an de quatre fois plus d'Officiers, que nous n'en perdrions dans un Combat déciſif, où il s'agiroit veritablement de ſauver la Patrie, tel qu'a eſté le dernier Combat de la derniere Guerre, le fameux Combat de Denain, donné par M. le Maréchal de Villars.

Ce que l'on peut dire en faveur du Commandant de Nice, c'est qu'il n'y avoit pas de Loy positive & précise aux Commandans d'arrêter les Duélistes sur peine de cassation, & qu'il n'avoit pas prêté un serment semblable à celuy dont le Formulaire est cy-dessus. Aussi je souhaiterois, s'il vit encore, qu'il fût regardé comme digne de pitié, luy qui n'a manqué que pour s'être laissé séduire à une pitié, qui est à la verité très-mal étenduë, mais qui marque toûjours un cœur plein d'humanité : & après tout la faute n'est qu'une imprudence d'autant plus digne d'indulgence, qu'elle est jusques icy toute semblable à l'imprudence de presque tous ceux qui depuis vingt ans ont esté Commandans. Quand la Loy sera publiée, quand on aura prêté serment, la faute d'un Commandant sera desormais inexcusable ; mais aussi pareilles fautes seront extrémement rares, & la rareté de ces fautes des Commandans produira certainement la rareté des crimes des Duélistes.

OBJECTION.

Si tous les Commandans font exactement leur devoir, le nombre des criminels sera si grand, que la Cour sera très-embarassée de perdre autant de braves Officiers, honestes gens d'ailleurs, & souvent de grande naissance : & si jusques icy ces Commandans ont de ce côté-là si mal fait leur devoir, c'est qu'outre la répugnance naturelle qu'ils pouvoient avoir à causer la mort à un galand homme, ils ont aperçû, ou plûtôt ils ont crû apercevoir que les Generaux & les Ministres estoient fâchez d'être avertis d'un Duel, & que l'on favorisoit toûjours dans

dans l'Armée l'évaſion du coupable, que les Officiers les plus conſiderables fermoient les yeux aux ſoupçons de ce Duel, bien loin de faire leurs efforts pour les éclaircir; c'eſt cette conduite qui fait croire fauſſement au public que le Roi lui-même eſt bien aiſe d'ignorer les Duels; quand il s'agit de coupables dont il aime les parens, & trés-fâché quand il en eſt averti, parce qu'alors il ſe trouve dans la facheuſe neceſſité de les punir ſelon toute la ſeverité de ſes Edits.

Cette opinion quoique fauſſe eſt trés établie, auſſi le nombre des Duelliſtes eſt trés-grand, ſurtout dans certains Regimens, dans les Compagnies des Mouſquetaires des Gardes du Corps & des Gendarmes, dans leſquelles on voit quantité de jeunes Gentilshommes; il y a plus de deux cens Duels par an dans ces ſeules Compagnies, rien n'eſt plus commun parmi eux; c'eſtoit encore pis dans les Compagnies de Cadets, & c'eſt la même choſe parmi les Gardes-Marines. Il n'y en à pas tant parmi les autres Officiers, parce qu'ils ſont moins jeunes, plus circonſpects & plus ſenſés, mais il y en a encore beaucoup; de ſorte que l'on peut dire que ſi les Commandans donent tous leurs ſoins à eſtre informez, & informent exactement la Cour de chaque combat qui viendra à leur connoiſſance; le Miniſtre recevera tous les jours nouvelle de deux ou trois Duels: or ſe réſoudra-t-on à la Cour à perdre l'année prochaine 1200. ou 1500. Gentilshommes Officiers ou non Officiers.

REPONSE.

1º. Le nombre des Duels eſt enflé, & beaucoup

d'Officiers croyent qu'il n'y en a pas eû les dernieres années plus de 400. par an.

2. Dès que la Cour, aprés la ſolennité des ſermens d'honeur, ſera bien ſincerement réſoluë de tout punir; dés qu'elle ſera bien réſoluë de caſſer ſans égards tous les Commandans qui ne feront pas leur devoir; on verra que dans l'année qui ſuivra cette ſolennité, il y aura dix fois moins de Duels, c'eſt-à-dire qu'il n'y aura pas 80. Duelliſtes à punir.

Si les Commandans continuent avec la même exactitude à informer la Cour, & que la Cour continuë à tout punir, il y aura à peine vingt coupables l'année ſuivante, & cinq ans aprés il y en aura ſi peu dans tout le Royaume, que pour doner à la populace dans chaque Ville des Duelliſtes en ſpectacle il en faudra chercher parmi les Soldats.

Je ne ſçai s'il ne ſeroit pas utile de renvoyer dans les Troupes, mais dans d'autres Régimens, quelques-uns de ces coupables des plus ſpirituels & des plus repentans qui auroient ſervi de ſpectacle; on pourroit les obliger à porter une marque exterieure ſur leur habit, ils ſeroient des exemples vivans & perpetuels de la ſeverité de la loi, & pourroient perſuader à leur camarades l'obeïſſance à la loi, incomparablement mieux que les Predicateurs les plus pathetiques & les plus éloquens.

3. Il ſera d'autant plus facile de guerir cette maladie durant la paix, que le Roi a beaucoup moins d'Officiers que durant la Guerre, & qu'il y a quantité de bons Officiers réformés qui ſupléront abondamment à ceux qui ſeront punis.

4°. Le Ministre qui sait de quelle consequence il est pour la guerison de cette maladie, de ne laisser aucun Duel impuni, redoublera son atention & ses ordres durant la paix, pour estre averti ponctuellement de tous les Duels par les Commandans.

VIII. PRESERVATIF.

Punition contre ceux qui n'auront point averti, ou de la querelle, ou du combat.

SI tous ceux qui ont connoissance d'une querelle naissante estoient punis, le Commandant seroit averti à tems & empécheroit le combat ; ainsi il seroit à propos de punir de prison déshonorante ceux qui n'en auront point averti, & effectivement ils doivent estre regardés comme complices du combat, puisqu'ils n'ont pas fait ce qui étoit en eux pour l'empécher. L'Officier qui ne done point avis, sera d'autant plus criminel qu'il aura doné par son serment, sa parole d'honeur au Roi de doner pareil avis.

Il y aura d'autant moins de combats que les combatans pourront moins s'en vanter, & ils s'en vanteront d'autant moins qu'ils craindront avec raison d'en parler devant des camarades interessés par serment d'honeur à les reveler.

La premiere chose que fera le Commandant lorsqu'il sera informé d'une querelle, sera de faire renouveler aux Parties le serment d'honeur, en presence de beaucoup d'Officiers, & puis de les concilier, ou s'ils ne veulent pas s'embrasser, de les juger avec l'avis des six plus anciens.

IX. PRESERVATIF.

Punition contre ceux qui font des reproches aux offensez qui ne se battent point.

SI l'on punissoit severement ceux qui font des reproches de ne s'estre pas batu, on previendroit une infinité de combats dans les Régimens. Je croi donc qu'il seroit à propos quand il y auroit deux témoins d'un pareil reproche, que le Commandant en envoyât l'information à la Cour, & que le coupable fût cassé & condané à une punition longue & déhonorante; & à estre promené en public tous les ans avec un écriteau diffamant, & que quand il n'y auroit pour témoin que celui à qui on fait pareil reproche, cela fût regardé comme demi preuve, & l'acusé mis en arrêt, & interdit par le Commandant, non comme convaincu, mais comme soupçonné de mutinerie & de sédition; le Commandant en doneroit avis à la Cour, afin qu'elle prescrivît le tems de l'interdiction.

X, PRESEVTIF.

Recompenser celui qui se plaint au Juge préposé.

ORdinairement celui qui se plaint ne merite pas de recompense pour se plaindre & pour demander au Juge réparation de l'offense, mais dans cette ocaſion l'Officier qui ſe plaint d'une inſulte à l'Officier prépoſé, paſſe avec courage par deſſus le fantôme du faux déshoneur, pour obſerver la loi, pour eſtre fidele à ſa parole & pour rendre un grand ſervice à ſa Patrie : or tandis que ce fantôme ſubſiſtera il meritera d'être loüé; ainſi il paroit qu'il ſera à propos que le Commandant en recevant pareille plainte d'un Officier inſulté en donât avis à la Cour, afin que cet Officier en reçût une lettre d'honeſteté du Miniſtre, de la part du Roi.

On me dira peut-être qu'une pareille recompenſe tombera le plus ſouvent, ſur tout dans les commencemens, ſur les moins braves, & même ſur des poltrons; mais on peut répondre auſſi qu'il n'y a aucun de ceux qui ſe plaindront qui ne ſe ſentent obligez dans les ocaſions perilleuſes, de marquer plus de courage que ſes camarades, afin d'éfacer l'impreſſion de manque de valeur qu'auroit pû faire ſa plainte.

D'ailleurs quand on devroit recompenſer durant quelques années quelques Officiers, qui dans le fonds ſont des poltrons, & les traiter comme les plus braves qui ont fait preuve de bravoure; ſi avec pareilles recompenſes on vient à bout d'acoûtumer tous les offenſez, ou à ſe plaindre, ou à pardoner publiquement; c'eſt toûjours avoir tiré un prodigieux avantage des lettres honorifiques.

Il ſeroit bon encore que quand il vaqueroit quelque emploi, ceux qui auroient reçû pareilles lettres fuſſent toûjours preferés toutes choſes égales, & que dans les lettres de leurs emplois on eût ſoin d'y marquer la raiſon; il en coûtera peut-être à l'Etat de preferer quelques poltron à un brave homme; mais il faut ſe réſoudre à procurer à la Patrie un grand avantage, quand il n'en coute que peu, pendant peu d'années; quand le nombre de ceux qui porteront leur plainte aux préposés se sera multiplié, on pourra juger alors que les querelles sont enfin parvenuës à se mettre en régle, que la maladie est guerie, & alors on ne donera plus de recompenses, de distinction pour avoir combatu contre un fantôme, lorsque personne ne se distinguera plus, & lorsque le fantôme sera entierement évanoüi. Enfin je ne propose rien en ceci, que ce que le Roi lui-même a proposé par son premier Edit contre le Duel en 1643. art. 16. à l'imitation de l'Edit de 1626. art. 14.

II. PRESERVATIF.

Récompense de celuy qui pardone.

SI l'offensé déclare au Commandant qu'il a reçû telle insulte, qu'il la pardone *pour le bien du service*, & qu'il n'en veut aucune satisfaction; il seroit à propos que le Commandant en donât avis à la Cour, & si l'insulte se trouvoit constante & grave, il seroit trés-à-propos que le Ministre écrivit de la part du Roi une lettre d'honesteté à l'offensé pour lui marquer que Sa Majesté aprouve sa conduite; Je ne sai même s'il ne seroit pas à propos que le Roi lui donât à porter une marque d'honeur sur son habit, comme une *Couronne Civique*, & effectivement n'est-ce pas une conduite trés-utile au service du Roi & de l'Etat, & par consequent trés-loüable de pardoner & d'oublier de pareilles injures particulieres, l'offenſeur ſeroit diſpenſé d'une ſatisfaction déſagréable ; mais il ſemble qu'il devroit cependant ſouffrir quelque punition pour la ſatisfaction publique, & pour ſervir à retenir les emportez.

Je ſçai bien que ce pardon peut être un effet de poltronerie ; mais on avoüera qu'il peut-être auſſi un effet, ou de Chriſtianiſme ou de generoſité humaine , ou de crainte de déplaire au Roi, ou de zele pour le bien de la Patrie ; quoiqu'il en ſoit, ne vaut-il pas mieux courir le riſque pendant quelques années, de recompenſer quelques Officiers ſuſpects de lâcheté, que de tolérer toûjours les Duels, & de voir périr tous les jours une infinité de braves gens, ſans eſperance de voir jamais ceſſer cet effroyable déſordre : dans les lettres honorifiques on pourroit faire mention que c'eſt pour avoir genereuſement conſenti pour le ſalut de la Patrie, à perdre quelque choſe de leur réputation parmi le vulgaire, en contribuant par leur exemple à faire ceſſer le Duel dans le Royaume. Il eſt à propos que les lettres honorifiques ſoient adreſſés au Commandant, toutes ouvertes, afin qu'il puiſſe les lire publiquement, en preſence de tous les Officiers.

Comme il eſt à craindre que quelques uns des Officiers ne faſſe quelques railleries contre ceux qui recevront pareilles lettres, pour faire entendre qu'ils auront eu à bon marché des diſtinctions & des emplois ; il eſt neceſſaire de les prevenir, & qu'ils ſachent par le nouveau Réglement qu'ils ſeront traités non-ſeulement comme ceux qui aprouvent l'infâme voye du Duel ; mais encore comme mutins qui le conſeillen , le Commandant les fera arêter ſur ſimple dénonciation, en écrira à la Cour, & ils ſeront caſſés honteuſement à la tête du Corps.

AVERTISSEMENT.

Je conviens que ces preſervatifs ſont fort inegaux, & que les uns ſont plus forts, les autres ſont plus foibles ; mais il me paroît que dans une maladie auſſi importante & auſſi difficile à guerir, on ne doit rien négliger de ce qui peut contribuer à la faire ceſſer, & comme on ne conoît gueres la proportion & l'éficacité des remedes que par experience ; il eſt plus ſage ce me ſemble d'éprouver des remedes, que quelques uns jugentinutiles, que de ne les pas éprouver quand d'autres également ſenſés les jugent convenables.

OBJECTION.

Je ſuis de votre avis, m'a dit un homme d'eſprit ſur la vûë que vous avés que l'on ne ſauroit atacher trop de marques d'horeur, de mépris, d'infamie & de ridicule aux Duels & aux Duelliſtes ; j'aprouve toutes celles que vous propoſez, je ſuis même perſuadé que l'on peut y en ajouter utilement pluſieurs autres ; mais comme vous avez affaire à un grand nombre de lecteurs ſuperficiels & qui affectent le faux bon air de trouver du ridicule par tout, je croi que pour éviter de leur doner priſe, vous auriez dû éviter d'entrer dans les détails des punitions & des recompenſes.

R'EPONSE.

Mon but n'eſt pas de faire un diſcours qui m'atire des loüanges d'un lecteur oiſif, mon but n'eſt pas de montrer ſimplement que le Duel eſt une maladie fondée ſur une opinion fauſſe, ni de prouver en general que nous pouvons nous en délivrer, puiſque les peuples les plus braves n'y ont jamais eſté ſujets; mon but eſt de venir au fait, & de propoſer des remedes & des préſervatifs plus efficaces que ceux qui n'ont pû nous guerir : or il falloit pour cela entrer dans le détail de ces remedes & de ces préſervatifs, pour faciliter & pour avancer les réſolutions que la Cour peut prendre.

Je comprens bien que cette conduite me met en priſe aux plaiſanteries des rieurs de profeſſion; mais je m'y livrerai toujours ſans peine quand le fondement n'en ſera point réel, & quand il s'agira de délivrer la Patrie de malheurs trés-réels, je croi que cette eſpece de fermeté eſt eſſentielle au bon Citoyen, au bon Magiſtrat, au bon General; il ſe trouve ſouvent dans la neceſſité de meriter la grande loüange qu'on dona autrefois à Fabius. *Non ponebat enim rumores ante ſalutem.*

XII. PRESERVATIF.

IL ſemble que d'ici à quelque-tems, & juſqu'à ce que l'opinion *qu'il y a du déshoneur à ne ſe point batre*, ſoit évanoüie; il faut traiter les inſultes & les vetilles de point d'honeur, comme des affaires trés-ſerieuſes & trésmportantes; c'eſt que quant à preſent il n'y va pas de moins que de la vie de ceux qui ont ces ſortes de querelles ; ainſi d'un coté il faut de la ſolennité dans les jugemens des plus petites querelles, & de l'autre comme une parole de mépris dite publiquement, jette quelquefois l'ame dans la colere & dans la fureur; il eſt à propos que les Juges qui je regarde ici comme les Mécins de l'ame, ſoient pour ainſi-dire ſous la main & à portée de mettre promptement un apareil à la bleſſure, de peur que par des raports ou malins, ou indiſcrets, elle ne vint à s'aigrir ou à s'envenimer, ſi l'on n'y aportoit un promt remede.

Il me ſemble donc qu'il ſeroit à propos que par le Réglement il fut ordoné. 1°. Que le Colonel avec les ſix plus anciens Capitaines jugeroient en dernier reſſort les querelles entre les Officiers de leur Régiment, lorſqu'ils n'auroient pû parvenir à les concilier. 2°. Que la Sentence ſeroit ſignée du Préſident & des trois autres Juges au moins. 3°. Que les querelles entre Officiers de divers Régimens ſeroient jugées par un Maréchal de Camp, par des Colonels ou Capitaines anciens. 4°. Que les querelles où il y auroit un Colonel meſlé, ſeroient jugées par un Lieutenat General.

Les Maréchaux de France ont réglé differentes punitions pour differens cas ; il ſeroit à ſouhaiter qu'ils en réglaſſent encore un certain nombre pour ſervir de loi dans ces Jugemens, pour épargner aux Juges l'embaras de leurs déciſions, & pour ôter aux condanez ou aux offenſez les ſujets de ſe plaindre des Jugemens & des Juges.

CONSIDERATION.

Sur le Duel des Soldats.

ON m'a aſſuré que dans un Régiment de mille hommes effectifs, il periſſoit au moins 20 Soldats par an par le Duel, de ſorte que de cent mille hommes, cette maladie en emporte aux moins deux mille: c'eſt une perte conſiderable; il me ſemble donc qu'il eſt à propos d'uſer contre cette maladie de préſervatifs à peu prés ſemblables à ceux que nous avons indiquez contre le Duel des Officiers, ſurtout de punir les Sergens qui n'auroient point averti de la querelle.

CONCLUSION.

Voilà ce qui m'eſt venu à l'eſprit pour perfectioner notre Police contre la maladie des Duels: ſi je propoſe ainſi mon avis au Public, c'eſt dans le deſſein d'exciter les Officiers Generaux éclairés & bon François, ou a rectifier mes vûës, ou à nous en propoſer de meilleurer; mais enfin il n'eſt que trop vrai que le mal eſt très-conſiderable, qu'il reprend tous les jours des forces, & qu'il ſeroit fort à ſouhaiter que le Roi ordonât à quelques Commiſſaires, ou du Parlement, ou du Conſeil, & ſurtout aux Maréchaux de France, d'examiner de nouveau la matiere dans les Aſſemblées, & de luy doner ſur cela leur avis, afin qu'il pût avec plus de prudence & plus de facilité mettre enfin la derniere main à une des plus eſtimables & des plus loüables entrepriſes de ſon Regne.

Non nobis ſolis, ſed Reipublicæ etiam nati ſumus.

A Ruel 4 Juillet 1715.

www.ingramcontent.com/pod-product-compliance
Ingram Content Group UK Ltd.
Pitfield, Milton Keynes, MK11 3LW, UK
UKHW021501260726
13993UKWH00004B/1512